Ex Libris

ISBN 978-3-8157-9278-0

Grafische Gestaltung: Daniela Lengers

Illustration: Barbara Behr und Daniela Lengers

Printed in China

www.coppenrath.de

Engel-Weihnacht

Geschichten & Gedichte

Gesammelt von Hildegard Toma

COPPENRATH

Engel

Engel haben viel zu tun in diesen Tagen.
Viele Menschen denken, sie wären zu dieser Zeit,
an Weihnachten, allein.
Dann kommen die Engel und zeigen ihnen,
wie schön das Leben sein kann.
Sie schenken ihnen das kleine Lächeln auf den Lippen,
das sie gleich um einiges schöner macht.
Sie schenken ihnen diese ganz besondere Wärme,
die es nur zu Weihnachten gibt.
Sie schenken ihnen das Glücksgefühl,
wie verzaubert auf einmal alles ist.
Sie schenken ihnen Weihnachten.

Elke Gudehus

Der brennende Himmel

Maria, die hochheilige, stand bereits im achten Monat ihrer Schwangerschaft, als sie mit Josef aufbrechen musste, um sich nach Bethlehem zu begeben.

Josef setzte sie auf ein Maultier, ergriff die Zügel und wanderte weit durchs Gebirge.

Eines Abends, als es schon zu dunkeln begonnen hatte, kamen sie in die Nähe von Bethlehem. Sie wollten gerade noch einen Hügel überqueren und wären schon dort gewesen, da stand auf dem Weg ein Engel, den sie bereits kannten, der Engel Gabriel.

Er sagte zu Josef: „Ihr seid angekommen. Hilf Maria vom Lasttier!"

Josef hielt an und hob vorsichtig Maria vom Maultier. Er wollte etwas sagen, doch er konnte nicht.

Und während es finster wurde, erkannte Josef ein Lager am Rande des Weges. Er führte Maria dorthin und bettete sie. Dann ging er zu seinem Maultier, nahm es am Zügel und führte es zu einem überdachten Schafpferch, der in der Nähe war. Dort band er das Tier an, danach ging er, um nach Maria zu sehen. Aber er konnte sie nicht erblicken, denn der Engel hatte seine Flügel weit, weit über sie ausgebreitet wie ein Zelt.

Während Josef noch stand und überlegte, was er machen solle, war es, als finge der Himmel zu brennen an.

Ein großes Leuchten zog sich über den Himmel, und die Sterne begannen so hell zu strahlen, dass man sie kaum mehr anschauen konnte.

Und es war, als ob die Sterne zu tanzen anfingen, alle um einen Stern herum, der sich mit einem anderen Stern so eng berührte, als wären beide zusammen ein einziges Gestirn.

Die Bewegung des Himmels machte Josef ganz schwindelig. Er musste sich hinsetzen und die Augen schließen. Dann berührte ihn jemand sanft an der Schulter. Es war der Engel. Er hatte ein Kind in den Armen und sagte zu Josef: „Hole die Mutter und bring sie unter das Dach!"

Der Himmel aber erschien Josef wieder wie zuvor.

Da holte er Maria und trug sie unter das Dach. Der Engel aber leuchtete wie eine Fackel, und die Flamme schlug bis zum Dach empor, ohne es jedoch in Brand zu setzen. Und er leuchtete die ganze Nacht hindurch.

ARMENISCHE LEGENDE

Wie Ochs und Esel an die Krippe kamen

Als Josef mit Maria auf dem Weg nach Bethlehem war, rief ein Engel die Tiere heimlich zusammen, um einige auszuwählen, der Heiligen Familie im Stall zu helfen. Als erster meldete sich natürlich der Löwe: „Nur ein Löwe ist würdig, dem Herrn der Welt zu dienen", brüllte er, „ich werde jeden zerreißen, der dem Kind zu nahe kommt!"

„Du bist mir zu grimmig", sagte der Engel.

Darauf schlich sich der Fuchs näher. Mit unschuldiger Miene meinte er: „Ich werde sie gut versorgen. Für das Gotteskind besorge ich den süßesten Honig und für die Wöchnerin stehle ich jeden Morgen ein Huhn!"

„Du bist mir zu verschlagen", sagte der Engel.

Da stelzte der Pfau heran. Rauschend entfaltete er sein Rad und glänzte in seinem Gefieder. „Ich will den armseligen Schafstall köstlicher schmücken als Salomon seinen Tempel!"

„Du bist mir zu eitel", sagte der Engel.

Es kamen noch viele und priesen ihre Künste an. Vergeblich. Zuletzt blickte der strenge Engel noch einmal suchend um sich und sah Ochs und Esel draußen auf dem Feld dem Bauern dienen. Der Engel rief auch sie heran: „Was habt ihr anzubieten?“

„Nichts“, sagte der Esel und klappte traurig die Ohren herunter, „wir haben nichts gelernt außer Demut und Geduld. Denn alles andere hat uns immer noch mehr Prügel eingetragen!“ Und der Ochse warf schüchtern ein: „Aber vielleicht könnten wir dann und wann mit unseren Schwänzen die Fliegen verscheuchen!“

Da sagte der Engel: „Ihr seid die Richtigen!“

Karl-Heinrich Waggerl

Die Geschichte vom Weihnachtsenglein

In der heiligen Nacht, als im Stall von Bethlehem das Christkind zur Welt gekommen war, standen viele Engel um die Krippe. Sie beteten das Kind an und sangen ihm Lieder, um es zu begrüßen. Ein winziges Engelchen war auch mitgekommen, obwohl es der liebe Gott eigentlich nicht mit auf die Erde schicken wollte. Aber es hatte so sehr gebettelt, dass es zu guter Letzt doch mitdurfte. Das Englein stand ganz andächtig vor der Krippe und als es das Jesuskind sah, das da so armselig im Heu und Stroh lag statt in einem weichen Bettchen, da wurde es ganz traurig. Es überlegte hin und her, was es tun könnte, um es dem Kind ein bisschen bequemer zu machen. Ganz schüchtern sagte es zu ihm: „Ach, liebes Jesuskind, ich möchte dir so gern eine Freude machen, aber mir fällt überhaupt nichts ein. Das heißt … ich könnte mich höchstens zu dir in die Krippe legen. Das geht ganz gut, weil ich doch noch so klein bin. Auf meinem einen Flügel würdest du ganz warm und weich liegen und mit dem anderen würde ich dich zudecken." Das Jesuskind lächelte es liebevoll an und das Engelchen legte sich zu ihm in die Krippe und hielt es warm. Ja, und seit dieser Zeit hat der liebe Gott gerade dieses Englein zum Schutzengel aller Babys gemacht, die in der heiligen Nacht zur Welt kommen, und so ist es geblieben bis auf den heutigen Tag.

Annemarie Wagner

Friede auf Erden!

Da die Hirten ihre Herde
ließen und des Engels Worte
trugen durch die niedre Pforte
zu der Mutter und dem Kind,
fuhr das himmlische Gesind
fort im Sternenraum zu singen,
fuhr der Himmel fort zu klingen:
„Friede, Friede auf der Erde!“

Conrad Ferdinand Meyer

Vom Engel, der nicht mitsingen wollte

Als die Menge der himmlischen Heerscharen über den Feldern von Bethlehem jubelte: „Ehre sei Gott in der Höhe und Friede den Menschen auf Erden“, hörte ein kleiner Engel plötzlich zu singen auf. Obwohl er im unendlichen Chor nur eine kleine Stimme war, machte sich sein Schweigen doch bemerkbar. Engel singen in geschlossenen Reihen, da fällt jede Lücke sogleich auf. Die Sänger neben ihm stutzten und setzten ebenfalls aus. Das Schweigen pflanzte sich rasch fort und hätte beinahe den ganzen Chor ins Wanken gebracht, wenn nicht einige unbeirrbare Großengel mit kräftigem Anschwellen der Stimmen den Zusammenbruch des Gesanges verhindert hätten. Einer von ihnen ging dem gefährlichen Schweigen nach. Mit bewährtem Kopfnicken ordnete er das weitere Singen in der Umgebung und wandte sich dem kleinen Engel zu.

„Warum willst du nicht singen?“, fragte er ihn streng.

Der kleine Engel antwortete: „Ich wollte ja singen. Ich habe meinen Part gesungen bis zum ‚Ehre sei Gott in der Höhe‘. Aber als dann das mit dem ‚Frieden auf Erden unter den Menschen‘ kam, konnte ich nicht mehr weiter mitsingen. Auf einmal sah ich die vielen Soldaten überall auf der Welt. Immer und überall

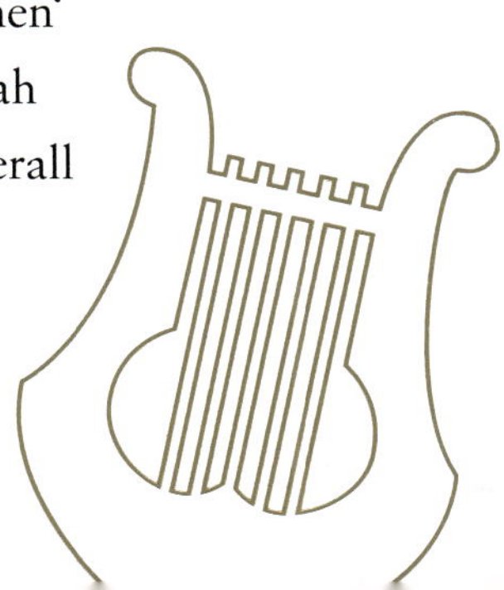

verbreiten sie Krieg und Schrecken, bringen Junge und Alte um und nennen das den Kampf für den Frieden. Und auch wo keine Soldaten sind, herrschen Streit und Gewalt, fliegen Fäuste und böse Worte zwischen den Menschen und regiert die Bitterkeit gegen Andersdenkende. Es ist nicht wahr, dass auf Erden Friede unter den Menschen ist, und ich singe nicht gegen meine Überzeugung! Ich merke doch den Unterschied zwischen dem, was wir singen, und dem, was auf Erden ist. Er ist für mein Empfinden zu groß, und ich halte diese Spannung nicht länger aus."

Der große Engel schaute ihn lange schweigend an. Er sah wie abwesend aus. Es war, als ob er auf eine höhere Weisung lauschen würde. Dann nickte er und begann zu reden: „Gut. Du leidest am Zwiespalt zwischen Himmel und Erde, zwischen der Höhe und der Tiefe. So wisse denn, dass in dieser Nacht eben dieser Zwiespalt überbrückt wurde. Dieses Kind, das geboren wurde und um dessen Zukunft du dir Sorgen machst, soll unseren Frieden in die Welt bringen. Gott gibt in dieser Nacht seinen Frieden allen und will auch den Streit der Menschen gegen ihn beenden. Deshalb singen wir, auch wenn die Menschen dieses Geheimnis mit all seinen

Auswirkungen noch nicht hören und verstehen. Wir übertönen mit unserem Gesang nicht den Zwiespalt, wie du meinst. Wir singen das neue Lied.“ Der kleine Engel rief: „Wenn es so ist, singe ich gerne weiter.“

Der Große schüttelte den Kopf und sprach: „Du wirst nicht mitsingen. Du wirst einen anderen Dienst übernehmen. Du wirst nicht mit uns in die Höhe zurückkehren. Du wirst von heute an den Frieden Gottes und dieses Kindes zu den Menschen tragen. Tag und Nacht wirst du unterwegs sein. Du sollst an ihre Häuser pochen und ihnen die Sehnsucht nach ihm in die Herzen legen. Du musst bei ihren trotzigen und langwierigen Verhandlungen dabei sein und mitten ins Gewirr der Meinungen und Drohungen deinen Gedanken fallen lassen. Du musst ihre heuchlerischen Worte aufdecken und die anderen gegen die falschen Töne misstrauisch machen. Sie werden dir die Türe weisen, aber du wirst auf den Schwellen sitzen bleiben und hartnäckig warten. Du musst die Unschuldigen unter deine Flügel nehmen und ihre Klagen an uns weiterleiten. Du wirst nichts zu singen haben, du wirst viel zu weinen und zu jammern haben. Du hast es so gewollt. Du liebst die Wahrheit mehr als das Gotteslob. Dieses Merkmal deines Wesens

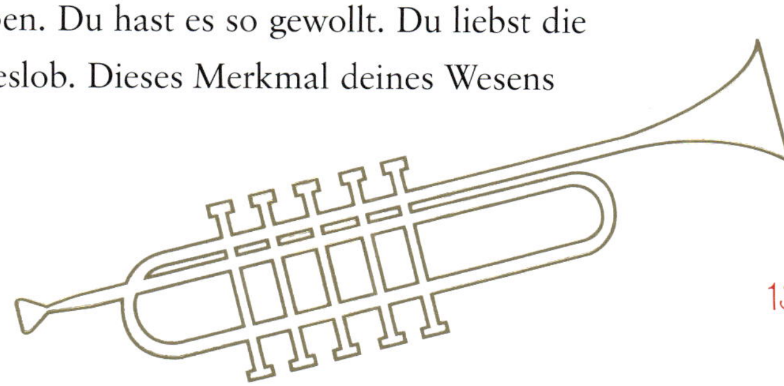

wird nun zu deinem Auftrag. Und jetzt geh. Unser Gesang wird dich begleiten, damit du nie vergisst, dass der Friede in dieser Nacht zur Welt gekommen ist."

Der kleine Engel war unter diesen Worten zuerst noch kleiner, dann aber größer und größer geworden, ohne dass er es selber merkte. Er setzte seinen Fuß auf die Felder von Bethlehem. Dort wanderte er mit den Hirten zu dem Kind in der Krippe und öffnete ihnen die Herzen, dass sie verstanden, was sie sahen. Dann ging er in die weite Welt und begann zu wirken. Angefochten und immer neu verwundet, tut er seither seinen Dienst und sorgt dafür, dass die Sehnsucht nach dem Frieden nie mehr verschwindet, sondern wächst, Menschen beunruhigt und dazu antreibt, Frieden zu suchen und zu schaffen. Wer sich ihm öffnet und ihm hilft, hört plötzlich wie von ferne einen Gesang, der ihn ermutigt, das Werk des Friedens unter den Menschen weiterzuführen.

Werner Reiser

Ein Engel für dich

Die Hirten sitzen am nächtlichen Feuer und wärmen sich. Die Nächte in Palästina sind im Winter sehr kalt. Einige Hirten sehen schweigend ins Feuer, einigen fallen die Augen zu, einer erzählt einen Scherz, einer lacht.

Eine Nacht wie jede zuvor.

Mancher in diesem Kreis fühlt sich allein und verlassen. Manchem fehlt etwas. Kann das Lachen helfen? Oder die Erinnerung an helle Tage?

Das Feuer brennt langsam aus, alle haben sich in ihre Decken gehüllt und warten auf den Schlaf. Ein großer schwarzer Himmel mit unzähligen Sternen wölbt sich weit und fern über ihnen.
Niemand, der dort hinaufschaut, kann sich wirklich geborgen fühlen, und immer wieder läuft den Hirten beim Anblick der Unendlichkeit ein Schauer über den Rücken.

Die Gespräche sind verstummt, das Lachen verklungen, jeder ist mit sich allein - alle nehmen Furcht und Sorge mit in den Schlaf.

Es wird hell am Himmel und immer heller. Die Hirten öffnen ihre Augen und sind geblendet vom Glanz, der bis zum Horizont reicht.

Eine Gestalt aus Licht tritt zu ihnen - die Nacht wird zum Tag.

Fragend und voller Furcht richten sich die Hirten auf. Die Kälte weicht aus ihren Herzen. Ernst blicken sie zu dem Engel, der vor ihnen steht. Denn ganz gewiss: Es ist ein Engel, der zu ihnen gekommen ist. Freude erfüllt sie. Eine stille, ernste Freude. Doch auch große Furcht - eine Furcht, die aber nicht Angst macht, sondern Zuversicht in ihre Herzen senkt.

„Fürchtet euch nicht, denn euch ist heute der Heiland geboren ...“

Der Engel kommt zu den Hirten, den Ärmsten im Erdenkreis, für die das Leben lauter Mühe und Härte ist. In ihren müden Augen spiegelt sich mit einem Mal der Glanz aller Engel des Himmels. Die Hirten sind die Ersten, die von der Weihnachtsbotschaft hören.

So war es - und so wird es immer sein!

In den Nächten der größten Furcht wird ein Engel zu uns treten. Und wenn wir auch - aus lauter Verzagtheit - nicht wagen, nach ihm zu rufen ...

Er kommt doch zu uns.

Rolf-Dieter Venzlaff

Die Geschichte vom kleinen Engel

Die Stube ist weihnachtlich geschmückt. Dicke rote Kugeln schmeicheln zarten grünen Tannenzweigen. Der Wind trägt zerrissene Strophen aus der kühlen Kirche durch das angelehnte Fenster. Das Feuer im Kamin prasselt. Viele verschiedene Päckchen liegen bunt verpackt unter der Blautanne, und wie jedes Jahr wird unter ihr das Christkind in Plastik geboren, umringt von gaffenden Tieren, drei Königen und einem Engel, der mit einer Sicherheitsnadel, die seinen Flügel durchsticht, an die Scheune gefesselt ist. Sonst ist der Raum leer, wenn man von allerlei Krimskrams absieht, der dem Raum seine nötige Wärme und Individualität verleiht. Das Excelsio aus der Kirche verklingt, wie von Geisterhand öffnen sich die hölzernen Fensterläden und ein kleiner Engel schwebt in die Stube.

Sein Gesichtchen ist rosig von der Kälte, doch in den blauen Augen schwimmt Trauer. Sein Flügel ist gebrochen und flieht in einem hässlichen Winkel vom Körper, er zittert, Schnee schmückt sein blondes Haar. Er landet auf dem roten Teppich und kriecht vorsichtig auf seiner linken Seite dem Kamin entgegen. Ein kleines Lächeln kommt auf seinem Gesicht zum Vorschein, verflüchtigt sich aber im selben Augenblick vor einem Geräusch in der Küche. Schnell flieht der kleine Engel hinter das Sofa und die Fensterläden schließen sich fast ohne Geräusch.

Eine Frau betritt den Raum. Sie trägt ein weißes Kleid, dessen lange Schleppe von einem Diener in Uniform fast beiläufig hinter ihr her getragen wird. Sie lässt sich auf dem Sofa nieder und der Diener bettet den Saum des Kleides in sicherer Entfernung vom Kamin. Dann nickt er unterwürfig und verlässt ohne ein Wort den Raum. Man hört, wie er das Haus verlässt, und den Tritt seiner Schuhe auf der Straße, während er ein altes Lied, das seine Mutter immer sang, der Kälte entgegenpfeift.

Die Frau sitzt still in einem von zwei großen Sesseln, hält den Kopf in Richtung der Tür gereckt und lauscht auf das zarte Pfeifen, das bald nicht mehr vom Zug im Kamin zu unterscheiden ist. Dann, nach ein paar Minuten, erhebt sie sich, öffnet behutsam einen alten Schrank und holt mit gebeugtem Rücken aus einem der unteren Fächer einen großen schwarzen Koffer hervor.

Der kleine Engel ist an der Rückseite des Sofas bis an die Kante vorgerückt und betrachtet mit großen Augen die alte Frau, die den Koffer öffnet und ihm ein altes Grammofon entnimmt, das sie vorsichtig auf dem Tisch aufbaut. Sie verlässt den Raum, wobei sie ihr weites Kleid mit einer Hand zusammenrafft, und kehrt dann mit einer Schallplatte und einem gerahmten Bild zurück, auf dem ein älterer Mann in einem eleganten Anzug verlegen in die Kamera lächelt. Sie hält kurz inne, betrachtet das Foto mit einem liebevollen Blick und streicht dann wie in Gedanken über das vertraute Gesicht hinter Glas. Dann stellt sie das Bild neben das Grammofon, zieht vorsichtig mit den Fingerspitzen die Platte aus der Hülle, legt sie auf den Teller und lauscht auf das Knistern, als sich die Nadel senkt. Mit der rechten Hand stützt sie sich auf den Tisch, und als die ersten Töne aus dem gebogenen Lautsprecher dringen, füllen sich ihre Augen mit Tränen. Eine Zeit lang starrt sie in die Ferne und beginnt dann vorsichtig mit ihren Füßen im Takt der Klänge zu wippen, und je länger sie sich bewegt, desto stärker weicht die Trauer, und nach ein paar Minuten gleitet sie sanft durch den Raum, in den ausgestreckten Händen das Bild und die Erinnerung.

Der Engel ist, während sie tanzt, Stück für Stück aus der sicheren Deckung des Sofas hervorgekrochen und hat, wie magisch angezogen von der Musik, schon ein Drittel des Wohnzimmers durchquert.

Neugierig, wie ein kleines Kind, von den sanften Klängen gelockt. In diesem Moment erstarrt die Frau in ihrer Bewegung.

Wie in einem Traum hatte sie sich um die eigene Achse gedreht, energisch geführt, wie von unsichtbaren Händen, dann den Blick zu Boden gesenkt und den Engel entdeckt, der verzückt seine kleinen Finger zu der Musik bewegt. Zuerst weicht sie einen Schritt zurück, doch dann fällt ihr Blick auf den verletzten Flügel und sie beugt sich hinab und streckt zögernd die Hand nach dem kleinen Engel aus. „Was hast du nur mit deinem Flügel gemacht, mein Kleiner. Hab keine Angst. Ich werde es mir ansehen." Zuerst reagiert er nicht und sie grübelt einen Moment darüber, ob er sie verstanden hat, doch dann, als sie sich wieder auf dem Sessel niederlässt, kriecht er ein Stück nach vorne und lässt sich bereitwillig in ihren Schoß heben. „Sehr gesprächig bist du ja nicht, mein Kleiner." Sie streicht sanft über die weichen Federn, vergisst für einen kurzen Moment alles um sich herum und ist wie verzaubert von dem kleinen, warmen, atmenden Körper. Dann kommt sie mit einem Mal wieder zu sich. „Ein Verband. Ich muss einen Verband holen. Warte hier kurz auf mich." Mit diesen Worten bettet sie ihn vorsichtig auf dem Sessel und läuft hinüber in die Küche, wo man sie Schubladen aufziehen und schließen hört, bis sie wieder in das Wohnzimmer zurückkehrt.

Der kleine Engel liegt noch immer an der gleichen Stelle, hat sich in das weiche Polster gekuschelt und die Augen geschlossen, sodass es aussieht, als würde er schlafen. Behutsam hebt sie ihn empor, setzt sich wieder und beginnt einen Verband um den verletzten Flügel zu wickeln. Der Engel zuckt einige Male zusammen, doch sein Gesicht ist fröhlich und er lächelt die alte Frau an, während sie ihn verbindet. Es dauert eine Weile, bis der Flügel, ein wenig zerzaust und durch den engen Verband etwas steif geworden, ungefähr so aussieht wie der andere. Sie streichelt ihm über den kleinen, lockigen Kopf und blickt in seine tiefen blauen Augen. „Du hast bestimmt Hunger, mein Kleiner. Warte, ich hole dir einen Apfel aus dem Keller." Wieder erhebt sie sich, verlässt das Zimmer und schließt behutsam die Tür, damit die Wärme nicht aus dem Raum entweichen kann.

Der kleine Engel lächelt. Ein wenig unbeholfen schlägt er mit den Flügeln und schwebt auf die hölzernen Fensterläden zu, die sich ohne einen Laut öffnen und ihn ins Freie entlassen. Schnell gewinnt sein kleiner Körper an Höhe. Dann ist er verschwunden.

Inzwischen ist die alte Frau in das Wohnzimmer zurückgekehrt. In ihren Händen trägt sie eine große, bemalte Messingschüssel mit zwei dicken roten Äpfeln und allerlei Gebäck. Sie stellt sie auf den Tisch und blickt sich suchend um. Sie ist allein. Sie blickt hinter das Sofa, geht sogar auf die Knie, um unter den Schrank zu schauen, doch der Engel bleibt verschwunden. Mit traurigen Augen wendet sie sich vom Schrank ab und schreitet zurück zum Sessel, auf dem sie sich niederlässt, und gerade in dem Moment, als sie kurz davor ist wieder zu weinen, klingelt es an der Tür.

Der kleine Engel ist in einem großen Bogen zu dem Haus zurückgeflogen und sitzt auf der Fensterbank vor dem Wohnzimmer. Eine alte Melodie dringt bis zu ihm nach draußen durch das Glas, und während der Schnee immer dichter fällt, die Straße weiß glänzt und in der Ferne bereits die ersten Lichter die Dunkelheit schmücken, kann man drinnen, vor dem prasselndem Feuer im Kamin, zwei Gestalten tanzen sehen.

Alexander Schwarz

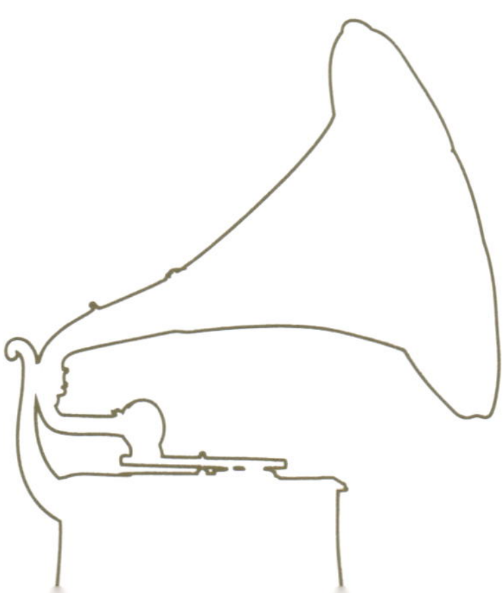

Scholastikerproblem

Wie viel Engel sitzen können
auf der Spitze einer Nadel –
wolle dem dein Denken gönnen,
Leser sonder Furcht und Tadel!

„Alle!“, wird's dein Hirn durchblitzen.
„Denn die Engel sind doch Geister!
Und ein ob auch noch so feister
Geist bedarf schier nichts zum Sitzen.“

Ich hingegen stell den Satz auf:
Keiner! – Denn die nie Erspähten
können einzig nehmen Platz auf
geistlichen Lokalitäten.

Christian Morgenstern

Der Weihnachtsengel

Als ich vier Jahre alt war, sah ich ihn zum ersten Mal. Er saß auf einem grünen Samtfauteuil im Salon. Vor mir türmte sich eine Masse von weißen Schleiern auf, in der ich nach und nach zwei Hände entdeckte, ein wenig knochig zwar und rötlich, und die eine trug einen Verlobungsring. Aus der ungeheuren Fülle dunkler und künstlich frisierter Locken schaute ein Gesicht hervor wie aus einem Wald. Auch dieses war rötlich in der Färbung, mit einer gewissen auffallenden Schräge in den Wangen, einer Hakennase und munteren Kugelaugen. Indessen ist es meist nicht so wichtig, wie die Sache aussieht, sondern nur, was sie vorstellt. Hätte man mir gesagt, das Fräulein sei verlobt mit Herrn Soundso, ich hätte das ohne Weiteres geglaubt, aber nun war das der Weihnachtsengel oder das sogenannte Christkind. Schließlich aber ist man auch nicht umsonst ein Kind unter Erwachsenen, und ich fühlte deutlich meine Pflicht, diesen Engel sofort und spontan jubelnd als solchen zu verkünden. Stattdessen sagte ich etwas kleinlaut und gegen meine Vernunft: „Ist das nicht das Fräulein Soundso?“

„Aber Kind, aber Kind", sagten die Erwachsenen mit sanftem Vorwurf gleich im Chor. „Denke doch auch!" – Innerlich blieb ich zwar sicher, dass dies niemals ein Engel, sondern eben das Fräulein Soundso war. Hätte nicht ein richtiger Engel mich auf diese verfängliche Frage hin mit gebogenem Zeigefinger an sein Herz gerufen und gesagt: „Fürchte dich nicht, mein Kind, ich bin der Engel Gabriel!" Und wieso wäre dieser Engel ausgerechnet in meiner Abwesenheit in unseren Salon geflogen, und weshalb musste Anna, die an der Türe stand, so furchtbar lachen, als ich den Satz mit dem Fräulein hervorbrachte? – Das hätte ich wissen können. Aber wie gesagt, ich war noch zu jung, um tödlich sicher zu sein in meiner Wahrnehmung. Und so wollte ich wenigstens den Abgang des Engels kontrollieren, dessen Ankunft sich mir so geheimnisvoll verborgen hatte. Im positiven Fall, dass es sich doch um einen Engel handelte, war ich bereit, die unglückliche Verknüpfung mit dem Fräulein Soundso sofort zu revidieren. Ich fühlte deutlich, dass ich eine Bresche in den guten Glauben an die sichere Welt eines Kindes in diesen Kreis der Erwachsenen geschlagen hatte.

„Sag jetzt schön dein Verschen auf", mahnte die Stimme der Großmutter, „und vor allem: Tritt nicht so nah an den Engel heran, das sind himmlische Wesen!" Mein Verstand war noch klein und nur ungefähr so breit wie eine Nadelspitze. Ich hatte einige Mühe, meine Argumente in Schach zu halten, während ich voller Gottvertrauen und fehlerfrei mein Verschen hersagte. Ich glaube sogar, es ging jenen Theologen nicht unähnlich, als sie sich eines Tages darum stritten, wie viele Engel auf einer Nadelspitze Platz hätten. In meinem Fall waren es mindestens dreitausend, wenn ich sie hätte ausbreiten dürfen.

Aber der Engel auf dem grünen Samtfauteuil? Weshalb glaubte ich nicht an den falschen Engel?

Weil ich unbedingt an den richtigen Engel glaubte. Aber war der nicht dennoch da? Und zwar trotz des Fräuleins Soundso? Der richtige und der wahre Weihnachtsengel, der zu allen Kindern kommt?

In die tiefe Stille von zwölf Menschen, samt

dem Christkind und mir, sagte ich feierlich mein Verschen auf: „Ich bin noch klein, mein Herz ist rein ..."

Und es war doch der wahre Engel, der mich ansah. Von den Kerzen tropfte das Wachs, und die Lampen im Zimmer sind verlöscht. Ein Zweiglein knistert, im Dunkeln leuchten rote Kugeln. Ein goldenes Reh an einem silbernen Häklein schaukelt leise hin und her, als käme es durch den Tann geschritten. Hinter dem Reh folgt ein kostbarer Schlitten, und darin sitzt das Weihnachtskind. Rechts und links von seinem Weg stehen Engel Spalier und tragen gelbe Kerzen in den Händen. Das ganze Zimmer ist lauter Duft und Glanz. Meine Mutter singt am Klavier: „Stille Nacht, heilige Nacht ...", und wir singen mit. Leise und ungesehen ist der Weihnachtsengel aus dem Salon verschwunden. Ich habe ganz vergessen, seinen Abgang zu kontrollieren ...

Cécile Ines Loos

Die Spur im Schnee

Ich habe schon viele wunderliche Geschichten über die Verwechslung von Engeln mit Hühnern gehört. Ein misstrauischer Mensch zum Beispiel sah einen Engel, hielt ihn aber lieber für ein gewöhnliches Huhn. Seltener kommt es vor, dass im Gegenteil aus irgendeinem Grund ein Huhn für einen Engel gehalten wird. Dass aber ein Engel öffentlich als Engel bezeichnet wird, wobei man insgeheim denkt, es sei trotzdem nur ein gewöhnliches Huhn ... Nein! Das geschieht wirklich nicht allzu oft!

Diese Geschichte hat mir Pál einst anvertraut. Ein liebenswürdiger Mensch, ein zuverlässiger Freund, ein bewundernswerter Gastgeber, vor allem aber ein hervorragender Erzähler. Hinter den Fenstern seines Hauses fiel damals langsam Schnee aus den Wolken. Allmählich brach die Dämmerung herein, wir saßen in vertrauter Behaglichkeit beisammen und erzählten einander Geschichten. Im Zimmer stand der Weihnachtsbaum bereit, schon am nächsten Tag sollten feierlich die Kerzenlichter erstrahlen. Der Ofen verströmte Wärme, es war ungemein gemütlich und in der Luft schwebte geheimnisvoller Weihnachtsduft. Kein Wunder, dass wir begannen, von der längst verlorenen Kindheit zu reden!

Mein Freund stammt aus einem Geschlecht von Donauschwaben. Seine Vorfahren waren einst aus Deutschland weggezogen, um zwei Jahrhunderte später wieder ins Land ihrer Vorfahren zurückzukehren. „Alles haben wir verloren, nur der ungarische Akzent ist uns geblieben!“, sagte mein Freund manchmal fröhlich. Das stimmte jedoch nicht so ganz. Aus Ungarn hatten die Rückwanderer auch einen ganzen Schatz von Sagen, Geschichten und Familienerinnerungen mitgebracht, außerdem eine Sammlung überlieferter Anleitungen, wie man sich im Leben richtig zu verhalten hat. Wer zum Beispiel viele Nüsse isst, kann hundert Jahre alt werden!

Wir verstummten für eine Weile. In den Tiefen des Hauses ertönte ein kaum hörbarer Klang. Etwas bewegte sich! Die Tür knarrte leise. Durch den Flur näherten sich tastende Schritte. Im Halbdunkel des Zimmers wirkte dies furchterregend, doch mein Gastgeber bedeutete mir mit einer leichten Kopfbewegung, dass ich keine Angst zu haben bräuchte. Eine weißhaarige Frau betrat das Zimmer, die Mutter meines Freundes. Sie brachte zwei Schüsseln. Aus der einen dampfte es; dem Duft nach war darin die berühmte, aus Karpfenfleisch zubereitete Weihnachtssuppe. Die andere war mit Plätzchen gefüllt.

Das Gesicht der Mutter strahlte feierlich. Mit behutsamen Bewegungen stellte sie die Schüsseln vors Fenster. Es fielen einige liebe Worte in der mir unbekannten Sprache, die Frau blickte mich freundschaftlich an und verließ uns wieder. Die Tür fiel hinter ihr ins Schloss, die Schritte entfernten sich, eine zweite Tür knarrte, im Haus wurde es wieder still.

„Füttert ihr im Winter die Vögel vor den Fenstern?", sagte ich gedankenlos und verlegen. Das Verhalten der Mutter meines Freundes hatte mich überrascht.

„Nein", sagte er. „Das ist für den Weihnachtsengel."

„Für einen Engel!", rief ich verblüfft.

„Aber natürlich. Stellt ihr denn dem Weihnachtsengel keine Naschereien vors Fenster?", wunderte er sich.

War das vielleicht ein Scherz? Ich trat zum Fenster, rieb die beschlagene Scheibe sauber. Die heiße Suppe dampfte im Frost. Auf dem Baum duckte sich eine durchgefrorene Amsel. Einen Engel aber sah ich nicht.

„Vorsichtig", raunte mein Freund mir zu. Er war ganz verzückt. „Er wird jeden Moment da sein!"

Langsam trat ich zur Seite. Ein merkwürdiges, fast ängstliches Gefühl kam über mich. Es war klar, mein Freund schaute mit fest geschlossenen Augen in eine andere, unbekannte, mir unzugängliche Welt! Er lächelte aufmunternd, als wollte er ein vertrautes Wesen begrüßen. Er winkte sogar schon! Ich wagte es nicht, neue Fragen zu stellen. Nach einer Weile saßen wir wieder in den gemütlichen Sesseln.

„In Ungarn stand der Himmel an Weihnachten immer voller Sterne!“, setzte mein Freund das Gespräch nach längerer Pause fort. „Den Stern von Bethlehem mit dem langen Schweif habe ich leider nie gesehen. Dafür aber den Weihnachtsengel mit der Trompete.“

„Mit der Trompete!“, stieß ich hervor.

„Ja!“, wiederholte mein Freund ruhig. „Mit der Trompete. Mein Vater und ich machten einen Spaziergang. Die Bäume waren weiß vor Frost. Wir zogen einen kleinen Schlitten. Die Hand des Vaters wärmte die meine noch durch die dicken Handschuhe hindurch. Wie gern bin ich in der Kindheit Hand in Hand mit dem Vater spazieren gegangen! Da drückten die Finger des Vaters meine Hand plötzlich ganz fest. Über uns schwebte ein Engel. In seinen Flügeln wechselten sich weiße und rosarote Federn ab. Sein braunes, lose geschnittenes Engelshemd wurde von einem schmalen Ledergürtel zusammengehalten. Unten lugten nackte Füße hervor. Der Engel fror bestimmt fürchterlich, er sah jedoch keineswegs unzufrieden aus. Auf seiner Stirn glänzte ein Stern. Der Engel blies in eine sehr lange, dünne Trompete. Es klang feierlich, ein wenig wehmütig. Dann löste er sich auf wie Dampf in der Luft.“

„In der Dämmerung“, fuhr mein Freund fort, „stellte die Mutter Schüsseln mit Leckerbissen vors Fenster. Hinter dem Vorhang versteckt wartete ich, was geschehen würde. Unsere gefräßigen Hühner trippelten herbei. Wie wild pickten sie in die Schüsseln, die Krümelchen stoben davon. Langsam tauchte aus der Dunkelheit der Engel auf. Er legte die Trompete in den Schnee, nickte mir zu, nahm sich mit zwei Fingern einige Brocken aus der Schüssel. Die Hühner traten ehrfurchtsvoll zurück. Sogar der Hahn machte dem seltenen Flügeltier Platz! Der Engel lächelte, blies die Trompete, stieß sich mit den nackten Füßen vom Schnee ab und flog wieder in den Himmel zurück. ‚Hast du den Engel gesehen?‘, fragte mich die Mutter. ‚Er war da!‘, rief ich. Das Bäumchen leuchtete. Das Weihnachtsfest war da.“

„Du erzählst wirklich sehr schön!“, rief ich.

„Hör mal!“, sagte mein Freund tadelnd. Er hatte meine Zweifel herausgehört. „Ich bin noch nicht fertig! Im Laufe der Jahre lächelte meine Mutter oft amüsiert. ‚Auf der Stirn hatte er einen goldenen Stern, nicht wahr?', sagte sie jedes Mal in liebenswürdig spöttelndem Ton, wenn ich meinen Eltern mitteilte, dass der Engel auch diesmal gekommen war. Nach und nach begriff ich, die Mutter glaubte längst nicht mehr an den Weihnachtsengel. Als ich fünfzehn war, überraschte sie mich mit einer unerwarteten Mitteilung. ‚Es gibt keine Engel!', verkündete sie hart. ‚Es ist ein schöner Weihnachtsbrauch, eine Schüssel vors Fenster zu stellen! Den Kindern zu erzählen, es sei für einen Engel. Gewiss! Aber du bist doch kein kleines Kind mehr! Hör auf, Märchen zu erfinden!'

‚Doch! Komm doch selbst schauen!', sagte ich ganz ruhig zu ihr. Zum ersten Mal benutzte ich in einem Gespräch mit meiner Mutter das deutsche Wort ‚doch', sonst hatten wir uns ausschließlich auf Ungarisch verständigt. Die Mutter schaute aus dem Fenster. Entsetzt schrie sie auf. Gerade trat langsam der Engel aus der Dunkelheit. Wie ein Traum, wie ein Märchen, wie Rauch von einem Feuer! Die Mutter wich zurück. ‚Wer ist das?', flüsterte sie. ‚Mein Herr, was machen Sie da?' Der Engel grinste ungezwungen. Er nahm einen Bissen aus der Schüssel. Er verneigte sich und wünschte schöne Weihnachten, das hörten wir durch das Glas hindurch sehr deutlich. Dann verschwand er in den Schneewirbeln."

„Hat er mit euch Deutsch gesprochen?", fragte ich vorsichtig.

„Ungarisch!“, entgegnete mein Freund. Seine Augen blitzten schelmisch.

„Hm!“, sagte ich nur.

Der Freund zuckte die Achseln. Wortlos zeigte er zum Fenster. Mit angehaltenem Atem trat ich näher, um einen besseren Ausblick zu haben. Die Schüsseln waren schon fast leer. Einige schmutzig weiße Hühner wackelten um sie herum. Da war kein Engel. Auch die durchgefrorene Amsel war fortgeflogen. Mein Freund verzog keine Miene.

„Ich mache es sonst genauso. Der Engel kommt immer!“, sagte er.

Wir traten auf die Schwelle. Die Hühner sahen uns fragend an. Der Hahn hatte gerade den letzten Bissen aus der Schüssel gepickt. In dichten Flocken fiel der Schnee. Glitzernder Pulverschnee. Die Hoffnung in mir wurde immer größer; durch die Vorahnung einer Enttäuschung wurde sie noch sonderbar verstärkt.

„Schau!“, seufzte mein Freund verblüfft.

Ich wollte meinen Augen nicht trauen. Im frisch gefallenen Schnee zeichnete sich eine Spur ab. Ein Wesen hatte seinen nackten Fuß in die Schneedecke gedrückt, es musste viel größer sein als ein Huhn! Die Spur konnte von einem großen Vogel, zum Beispiel einem Schwan, stammen, aber auch von einem Menschen. Ohne

Weiteres hätte ein Engel sie zurücklassen können. Die Umrisse waren durch die feuchten Flocken verwischt. Von oben ertönte Flügelrauschen. Durch die Winterlandschaft hallte Trompetenklang. Ein kurzer, durchdringender, kupfern gefärbter Ton. In den Wolken sah ich den Schatten eines schwebenden Leibs. Ein Schwan? Ein Trugbild? Ein Engel? Alles wurde durch einen Windstoß weggefegt. Wir wagten nicht laut zu reden.

Wir kehrten ins Innere des Hauses zurück. Der Freund legte Holz nach. Im Kamin knisterte es leise. Lächelnd setzte sich die alte Mutter meines Freunds zu uns. Auch sie schwieg. Wortlos schauten wir zu, wie die Dämmerung den Gegenständen im Zimmer allmählich ihre Form nahm und sie in reinen Schein verwandelte. Meine Seele war erschüttert. War es der Schrei eines Schwans? Eine Trompete? Das kehlige Rufen eines ungarischen Engels? Können Engel Ungarisch? Wenn nicht, in welcher Sprache verständigen sie sich? Eine wirklich zufriedenstellende Antwort auf diese Fragen habe ich nie bekommen. Das ist gerade das große Geheimnis! Wunder lassen sich nicht patentieren. Überzeugende Beweise fehlen immer! Zum Glück! Ein zuverlässig garantiertes Wunder wäre gar kein Wunder mehr. Ohne Hoffnung auf Wunder aber können wir überhaupt nicht leben.

Petr Chudozilov

Schnee

Schnee, zärtliches Grüßen
der Engel,
schwebe, sinke –
breit alles in Schweigen
und Vergessenheit!
Gibt es noch Böses,
wo Schnee liegt?

Verhüllt, verfernt er nicht
alles zu Nahe und Harte
mit seiner beschwichtigenden
Weichheit und dämpft selbst
die Schritte des Lautesten
in leise?

Schnee, zärtliches Grüßen
der Engel,
den Menschen, den Tieren! –
Weißeste Feier
der Abgeschiedenheit.

Francisca Stoecklin

Ein seltsamer Engel

Shadow, die blaugraue Kartäuserkatze, saß auf der Gartenmauer. Sie versuchte zu begreifen, warum sie eine blaugraue Kartäuserkatze war. Warum sie auf der Gartenmauer saß. Und warum sie zu begreifen versuchte, dass sie eine blaugraue Kartäuserkatze war, die auf der Gartenmauer saß und ... Nein, so ging das nicht. Die Gedanken drehten sich im Kreis.

Shadow hörte das Rauschen von Flügeln über sich. Sie schaute auf, um zu sehen, welcher Riesenvogel da wohl im Anflug war. Was da neben ihr auf der Gartenmauer landete, war aber kein Vogel. Es war eine schwarz-weiß gefleckte Katze. Mit großen Flügeln. Auch schwarz-weiß gefleckt.

„Na so was“, wunderte sich Shadow. „Unsereins hat bisweilen Flügel?“ – „Weißt du denn nicht, welche Zeit jetzt ist?“, fragte die geflügelte Katze statt einer Antwort. „Natürlich weiß ich das“, sagte Shadow. „Es ist die Kalte-Pfoten-Zeit, Wenig-Sonne-Zeit, Kahle-Bäume-Zeit.“

„Es ist Weihnachtszeit“, sage die geflügelte Katze sanft.

Shadow schüttelte verwundert den Kopf. „Doch nicht für uns Katzen.“

„Auch für uns Katzen“, sagte die geflügelte Katze ebenso sanft wie bestimmt. „Und ich wurde extra zu dir geschickt. Du darfst dir etwas wünschen.“

Shadow schaute nachdenklich den vereinzelten Schneeflocken zu, die sich vom Wind treiben ließen. „Ich hätte schon einen Wunsch“, sagte sie. „Ich möchte die Welt begreifen.“

„Wirklich?“, fragte die geflügelte Katze und gab zu bedenken: „Auch täglich Lachs wäre möglich.“

„Die Welt begreifen“, wiederholte Shadow.

„Es sei“, sagte die geflügelte Katze. „Frohe Weihnachten.“ Sie breitete die Flügel aus und flog über die Nachbargärten davon.

Shadow, die blaugraue Kartäuserkatze, saß auf der Gartenmauer und wusste mit einem Mal ganz genau, warum sie eine blaugraue Kartäuserkatze war. Warum sie auf der Gartenmauer saß. Und warum sie begreifen wollte, dass sie eine blaugraue Kartäuserkatze war, die auf der Gartenmauer saß und zu begreifen versuchte …

Edith Schreiber-Wicke

Engel des Herrn

Es war die Zeit im Jahr.

Die Zeit im Jahr, in der Belial am liebsten aus der Haut fahren wollte. Oder die Wände hochgehen. Etwas in ihm versuchte sich herauszubeißen und -kratzen, mit aller Macht, und Belial wollte wirklich nicht wissen, was es war.

Amariel würde sicher seine Theorien aufstellen, aber das war eine der Sachen, über die Belial wirklich unter keinen Umständen etwas wissen wollte. Nicht, dass sie darüber reden würden. Nicht in letzter Zeit.

Eigentlich nie.

Belial hasste Weihnachten.

Er hasste es, weil dann in ihm etwas erwachte, was schon längst hätte tot sein müssen. Er hasste es, weil durch die ganze Hektik und Panik, die Feindschaften der Menschen, die das ganze Jahr über im Verborgenen vor sich hinköchelten und jetzt hochsprudelten (und die Belial eigenhändig mitzuverantworten hatte), doch ein Stern strahlte. Und er hasste es, weil ein bestimmter Engel jetzt ganz besonders nervtötend war.

Er hasste vor allem die Türklingel, die ihn aus seiner Gedankenwelt riss, und für einen kurzen Moment überlegte er, was wohl passieren würde, wenn er nicht öffnete. Für einen sehr kurzen Moment.

„Belial!“, schallte es ihm entgegen.

Er zwang sich ein Lächeln auf das Gesicht – eins, das ganz sicher ziemlich gruselig, nicht sehr freundlich und absolut nicht echt aussah, denn Amariel starrte ihn durchdringend an.

„Komm, lass uns spazieren gehen“, sagte er nur, und Belial war unendlich dankbar dafür.

Belial hinterließ eine Spur der Verwüstung in der Stadt. Babys weinten, alte Damen rutschten auf Glatteis aus, ein Mann hatte ein lautstarkes Streitgespräch mit seiner Freundin (die ihm einen verdächtig teuer aussehenden Ring vor die Füße warf), und es kam zu mindestens fünf Auffahrunfällen. Wenigstens war Amariel still, nur leider nicht für lange. Als Belial mehrere Eiszapfen aus dem Nichts vor einer entsetzten Frau in einem lila Cordmantel niederhageln ließ, wurde es Amariel offensichtlich zu bunt.

Belial spürte eine Hand auf seiner Schulter, und er war sich sicher, dass der Dame in Lila demnächst ein Herzenswunsch erfüllt werden würde.

„Belial, wirklich.“

Belial wandte sich ab. Sie standen vor dem Schaufenster eines Buchladens. Es war voller Weihnachtsgedichte, Weihnachtslieder; Engel überall, die Bibel.

Die Scheibe ging zu Bruch.

„Mein lieber Junge, vielleicht solltest du dich ein bisschen zusammenreißen."

Belial schnaubte durch die Nase und beobachtete mit Genugtuung die entsetzten Kunden und den Geschäftsinhaber, die versuchten, die Ursache für den plötzlichen Zusammenbruch der Scheibe herauszufinden und zu retten, was zu retten war.

Amariel hustete ein bisschen, steckte seine Hände in die Taschen seines Mantels und schaute ihm in die Augen.

„Belial."

Er antwortete nicht.

„Lass uns in den Park gehen." Mit sicheren Schritten lenkte Amariel ihn weg vom Menschengetümmel, von Liedern und Licht und Kitsch. Er würde nichts sagen. Auf gar keinen Fall würde der Dämon einem Engel –

diesem Engel – sein Herz ausschütten. Er würde schweigen.

„Ich verstehe den ganzen Aufwand nicht." So viel zum Thema Schweigen.

„Mhm."

Seine Sonnenbrille rutschte ihm von der Nase, aber das war nun auch egal. Er ging zwei Schritte vor Amariel. Den Rücken frei lassen, früher hätte er das nie getan. Verwundbar seinem Erzfeind gegenüber zu sein.

Er blieb plötzlich stehen, und mit einem leisen „Uff" stolperte Amariel in ihn hinein.

„Warum dieses ganze ..." – er machte eine vage Handbewegung. „Es war nur ein ... ein Baby, nichts Besonderes, ein Baby, das weinte und in die Windeln sch-."

„Belial!" Der Dämon wäre sich sicher gewesen, dass er es sich mit dem Engel verdorben hatte, wenn, ja wenn nicht dessen Augen gelächelt hätten.

„Wo ist dein Problem, Engel? So war es nun einmal."

„Du willst es nicht verstehen, nicht war, mein Lieber?" Amariels Stimme war viel zu mild. Belial wünschte sich, er könnte sagen, dass er sehr wohl verstand, dass genau das das Problem war. Aber er schob sich nur die Sonnenbrille hoch und schaute Amariel spöttisch an.

„Es bedeutet Liebe, Belial. Aber das verstehst du nicht." Der Engel sah traurig aus. Belial hasste es. Er zuckte mit den Schultern.

„Nein, tue ich wohl wirklich nicht.“

Er hatte die Fäuste in seiner Jackentasche geballt – es war kalt, es schneite und Belial hatte den Verdacht, dass Amariel etwas damit zu tun hatte. Wann schneite es schon an Heiligabend?

Schweigen fiel über sie, wie Schnee, wie eine Decke, wie Atem.

Belial starrte in den grauen Himmel und wünschte sich, er könnte die Sterne sehen.

„Belial?“

„Hm?“

Amariel blieb stehen und blies in seine Hände. Dampfwölkchen stiegen auf, und Belial konnte den Engel riechen. Zimt und Glühwein und Licht und Leben.

„Frohe Weihnachten, Belial.“

Der Engel nahm seine Hand und presste etwas hinein.

Einen Strohhalm.

Belial ballte seine Hand zur Faust, und das Stroh piekste. Es war ihm egal.

„Das ist …“

Amariels Augen waren sehr groß und blau. Und ernster, als Belial sie je gesehen hatte.

„Du warst da, Belial. Vor zweitausend Jahren. Du warst da, mit mir zusammen."

Stroh in einer Krippe. Ein Kind. Engel. Hirten und Weise aus einem fernen Land.

Belial war sich sicher, dass Dämonen auf gar keinen Fall erbärmlich aussehen durften. Sie durften auch keine feuchten Augen bekommen. Sie durften sich auf gar keinen Fall nach etwas sehnen.

Und schon gar nicht durften sie sich von Engeln umarmen und durch die Haare streichen lassen.

„Frohe Weihnachten", murmelte Belial in Amariels Schulter, schloss die Augen und legte seine Hände um den Rücken des Engels, da, wo die Flügel waren.

Anne Böttcher

Rette die Botschaft

Rette die Botschaft von
Weihnachten mit hinüber
in das kommende Jahr
und schenke den Engeln
Tag für Tag die Gelegenheit,
dich hinzuführen zu dem,
was im Leben wirklich wichtig
und wesentlich ist.

Christa Spilling-Nöker

Der Nachweihnachtsengel

Als ich letztes Jahr die Pyramide und die Krippe und die 32 Engel wieder einpackte, behielt ich den letzten in der Hand.

„Du bleibst", sagte ich. „Du kommst auf meinen Schreibtisch. Ich brauche ein bisschen Weihnachtsfreude für das ganze Jahr."

„Da hast du aber Glück gehabt", sagte er.

„Wieso?", fragte ich ihn.

„Na, ich bin der einzige Engel, der reden kann."

Stimmt. Jetzt erst fiel es mir auf. Ein Engel, der reden kann? Das gibt es ja gar nicht. In meiner ganzen Verwandtschaft und Bekanntschaft ist das noch nicht vorgekommen. Da hatte ich wirklich Glück gehabt.

„Wieso kannst du eigentlich reden? Das gibt es doch gar nicht, du bist doch aus Holz."

„Das ist so: Nur wenn jemand wissend nach Weihnachten einen Engel zurückbehält, nicht aus Versehen oder weil er sich nichts dabei gedacht hat, sondern wegen der Weihnachtsfreude, wie bei dir, dann können wir reden. Aber das kommt ziemlich selten vor. Übrigens heiße ich Heinrich."

Seitdem steht Heinrich auf meinem Schreibtisch. In seinen Händen trägt er einen goldenen Papierkorb oder vielmehr einen Müllkorb. Ich dachte zuerst, es sei ein Kerzenhalter, aber da hatte ich mich geirrt. Wenn ich mich über irgendetwas ärgere, hält er mir seinen Müllkorb hin und sagt: „Wirf rein!" Ich werfe meinen ganzen Ärger hinein – und weg ist er! Manchmal ist es ein kleiner Ärger, es kann aber auch ein großer Ärger oder eine große Not oder ein großer Schmerz sein.

Eines Tages fiel mir auf, dass Heinrichs Müllkorb immer wieder gleich leer war. „Wohin bringst du das alles?"

„In die Krippe", sagte er.

„Ist denn so viel Platz in der kleinen Krippe?"

Heinrich lachte. „Pass auf! In der Krippe liegt ein Kind, das ist noch kleiner als die Krippe. Und sein Herz ist noch viel, viel kleiner. Deinen Kummer lege ich in Wahrheit gar nicht in die Krippe, sondern in das Herz des Kindes. Verstehst du das?"

Ich dachte lange nach. „Das ist schwer zu verstehen. Und trotzdem freue ich mich. Komisch, was?"

„Das ist gar nicht komisch, sondern die Weihnachtsfreude, verstanden?"

Auf einmal wollte ich Heinrich noch vieles fragen, aber er legte den Finger auf den Mund. „Pst. Nicht reden! Freuen!"

Behaltet doch mal einen Engel zurück wegen der Weihnachtsfreude. Und spitzt die Ohren! Hört ihr's? „Wirf rein!"

Dietrich Mendt

An der Neujahrspforte

Wir stehen wie vor verschlossener Tür.
Noch liegt das neue Jahr im Verborgenen.
Was erwartet uns im unbekannten Raum?
Welche Überraschung wird uns beglücken?
Haben wir Nebelbänke zu durchwandern?
Liegen Stolpersteine auf unserem Weg?
Fragen über Fragen kauern in uns.
Schau, neben der Pforte leuchtet ein helles Licht!
Hörst du den Engel, wie er leise spricht?
„Ich bin bei dir, hab keine Angst!"

Monica Maria Mieck

Inhalt und Quellen

27 Cécile Ines Loos, Der Weihnachtsengel
© Leonardo Loos

32 Petr Chudozilov, Die Spur im Schnee
aus: Petr Chudozilov, Zu viele Engel. 19 absolut wahre Geschichten.
Aus dem Tschechischen von Susanne Roth. Mit Bildern von Reinhard Michl,
© 1994 Carl Hanser Verlag, München

41 Francisca Stoecklin, Schnee

42 Edith Schreiber-Wicke, Ein seltsamer Engel
© bei der Autorin

45 Anne Böttcher, Engel des Herrn
© bei der Autorin

51 Christa Spilling-Nöker, Rette die Botschaft
aus: Christa Spilling-Nöker, Vom Engel, der aus allen Wolken fiel, S. 62
© Verlag Herder, Freiburg im Breisgau, 2. Auflage 2006

53 Dietrich Mendt, Der Nachweihnachtsengel
aus: Von der Erfindung der Weihnachtsfreude. Geschichten und Worte zum Christfest von Dietrich Mendt,
© 1999 Evangelisches Verlagshaus GmbH, Leipzig

55 Monica Maria Mieck, An der Neujahrspforte
© bei der Autorin

Wir danken den Autoren und Verlagen für die freundliche Abdruckgenehmigung. Sollte es dem Verlag trotz intensiver Nachforschungen nicht gelungen sein, die Inhaber der Textrechte zu ermitteln, bleiben berechtigte Honoraransprüche erhalten.